AF275347

Oqueruela Tékne

Oqueruela Tékne

David Delfín

Prólogo de Vicente Luis Mora

Maclein y Parker

PRIMERA EDICIÓN: abril 2026

© DEL TEXTO: David Delfín, 2026

© DEL PRÓLOGO: Vicente Luis Mora, 2026

© DE LA EDICIÓN: Maclein y Parker, 2026
Pasaje Lagunas de Ruidera, 6
41701 Dos Hermanas, Sevilla
www.macleinyparker.com

EDICIÓN Y CORRECCIÓN: Maclein y Parker

DISEÑO COLECCIÓN Y MAQUETACIÓN: Antonio Abad (Maclein y Parker)

IMPRESIÓN: Estilo Estugraf Impresores, S.L.
Impreso en España / *Printed in Spain*

ISBN: 979-13-991876-0-1
DEPÓSITO LEGAL: SE-1034-2026

Prólogo

Vicente Luis Mora

NATURALEZA INCREMENTADA: UNAS NOTAS PARA NO ENTENDER LA POESÍA DE DAVID DELFÍN

¿Qué entendemos? ¿Qué podemos entender del mundo? Recordemos algún momento que hayamos pasado en un entorno natural: el campo, las montañas, frente al mar. Al permanecer ahí, quietos y callados, contemplando la naturaleza, nos hemos puesto *metafísicos*: esto durará más que nosotros, esto es para siempre, esto es *fijo*. Esa visión, tan común, demuestra que no hemos entendido nada: con independencia de que este planeta, en su forma actual, sea un parpadeo vibrátil entre los trece mil millones de años de existencia del universo, no somos capaces de comprender lo que tenemos delante. No me refiero solo a la complejidad inasible de las partículas elementales que observamos, que también, sino a que nada hay *menos fijo* que la naturaleza: las plantas que vemos crecen en tiempo real, ante nuestros ojos; los árboles se mueven por el viento, las piedras se desgastan por la erosión, el polvo en suspensión o la humedad alteran continuamente el espectro visual y la lluvia lo distorsiona; los pájaros atraviesan el paisaje, los insectos y el polen lo vuelven puntillista, las olas modifican el mar a cada instante, etcétera. Nada permanece y, mucho menos, la naturaleza.

Por este motivo, quizá debamos darle una vuelta a lo que significa *entender* cualquier cosa y, especialmente, entender un poema. Lo peor que podemos hacer durante la experiencia, a mi juicio, es ponernos *metafísicos*. En realidad, deberíamos dejarnos mecer por la incertidumbre, sin cuestionarla, sin preocuparnos por si va a llegar un *sentido* en algún momento. No me refiero solo al sentido del libro; hablo del sentido del poema, me refiero incluso a la razón de ser de cada verso particular (un libro de poemas es una ciudad, cada poema, una calle, cada verso, un habitante con su personalidad propia). Y me parece que este consejo es especialmente útil para leer a David Delfín, a cuya poesía hay que acercarse con la consciencia desconectada, más en duermevela que en vigilia, para dejar que la poesía nos llegue sin preocuparnos demasiado por lo que estamos leyendo. Cuando está bien hecha, como es el caso de *Oqueruela Tékne*, la habilidad del poeta hará que varios hilos de sentido resuenen en nuestra mente. Una o varias figuras de razón de ser se formarán en nuestra cabeza, y nos acompañarán tanto o más desde el sonido que desde el sentido. Dice el filósofo Jean-Luc Nancy en *Resistencia de la poesía* (Libros de la resistencia, 2005, traducción de Juan Soros) que «el sentido es un incremento, un exceso: el exceso del ser sobre el ser mismo. Se trata de acceder a este exceso, de ceder a él». Y así sucede y se cede al sentido en este libro de David Delfín: la conciencia va cediendo conforme pasan las páginas su lugar al inconsciente, que es quien en realidad *lee* estos poemas, de modo que más que llegar a su lección, su lección llega hasta nosotros, enriquecidos con ese *incremento*.

Oqueruela (RAE: «Lazada pequeña que la hebra forma por sí sola al tiempo de coser, cuando el hilo está muy retorcido») *Tékne*. Técnica y tejido. Lo actual y lo inmemorial. Escribe David Delfín con dos manos, una lógica y una ilógica; una discursiva y otra irracional, y sería inútil intentar separar ambas escrituras o separarlas con el escalpelo de una lectura literal o de una hermenéutica oscura. Episodios (¿auto?) biográficos y melancolías infantiles se mezclan con pecios autónomos, autotélicos, donde la calidad de las imágenes visionarias no parece referencial, no parece aludir a un mundo externo —aunque la buena mano del autor le permite no abandonar cierto enfoque colectivo o comunitario, social—. «Fantasmas del realismo casi fantasía», escribe Delfín. Pero ya hemos dicho antes que no entendemos el mundo; así que a lo que estas páginas invitan es a dejarse llevar, ajarse y relajarse, dejarse hendir, arropar y mecer por el lenguaje, que hay que entender como un canal que va llevándonos por otro espacio —el mental de David Delfín—, asistiendo a un paisaje onírico y realista a un tiempo donde a veces nos conmoveremos, a veces veremos objetos líricos que removerán nuestra memoria, y nos moveremos, nos moveremos siempre, pasando de unas imágenes a otras mediante la secuencia —la cadencia— del poema.

En los poemas asoman voces y tradiciones distintas; siempre la literatura latinoamericana al fondo, pero también mujeres poetas actuales, garantes ambas líneas de una lírica que no esquiva el pensamiento ni la compasión. Un excelente doble camino que seguir, senderos bifurcados que el autor mezcla con sabiduría en su proteico jardín discursivo. Delfín fue antologado en un libro de referencia, coordinado por la añorada Marta Agudo y por Carlos Jiménez Arribas: *Campo abierto. Antología del poema en prosa en España* (DVD Ediciones, Barcelona, 2005). En el cuestionario que precedía a los poemas de cada autor, Delfín explicaba que en cierto momento de su trayectoria había pasado del verso convencional al poema en prosa, y que «ese hallazgo, esa concreción de contenido y lenguaje hizo emerger mis poemas dotados de una mayor libertad creativa, incluso, de una expresión más imaginativa». Así es, y puede apreciarse esa imaginación desbordada en estos textos de *Oqueruela Tékne*, tan sólidos como livianos, tan precisos como borrosos, tan habitables *(morables)* como memorables, que afianzan a David Delfín en su singular espacio dentro de la poesía en español: el del extraño imprescindible.

Málaga, sur de Europa, enero de 2026.

Oqueruela Tékne

A Pepín Cáceres, mi padre

Hilo de seda es el discurso mental. Ilusiones, sueños, pensamientos, presentimientos, angustias son los ingredientes que lo tensan y destensan situando al que dice yo, ya arriba, ya abajo, en uno u otro huso sentimental.

CHANTAL MAILLARD, *La compasión difícil*

—¿Qué entiendes por razonamiento? ¿Cómputo? ¿Los reflejos que produce la luz en cada instante?

—El suceder es un mecanismo simple; no su entraña impulsora.

Incluso en la lejanía
necesita el espejismo de una mano que lo devuelva
a casa. Se aloja la piel en el roce y comprende. Un
discurso fluye río arriba y, mientras cree desobedecer a
la insistencia gravitatoria, se acostumbra a ser cuchillo
noble con el que abrirse paso —sin garantías de
continuidad— por la quietud con mares de lo eterno.
¿Qué otra superficie podría albergar tanto como tú
inventas con la coartada de la aproximación? Ni las
profundidades que se extraen de los fondos marinos son
tan grandiosas ni los primeros buceadores necesitaron
un GPS que ubicara la raíz de cada sentir inconexo,
de cada noche; ya sabían que todo origen contiene
microleds que posicionan como claridad a quienes una
música convirtió en narración detenida. El proceso de
lo incorruptible a lo fantástico está otra vez en marcha,
los segundos multiplican continuamente sus confines
interiores y lo eterno, sometido a rápidos abismos, ya
no protege la ambición de la verdad acariciada. Es
otro el día.

Las partículas elementales aprendieron de mirar
fijamente al caminante su rutina de goces y pisadas, a
compartir una posición en la misma sombra. Queden
la belleza y la escucha del sol como adiestramientos

anónimos. Sujetar el lenguaje en que piensan los espejos nuevos, obstaculizarlo con cerrados ojos no detiene su lucidez para descoser presencias, para esclarecerlas o no. Sí, nos enseñaron a emular a los superhéroes de juguete y, como estos, a intervenir en aventuras desconsoladas. Pero todas las cosas necesitan de unos padres que perfeccionen la debilidad sin que se advierta tanto extrañamiento y lealtades que proteger.

Apenas eres un estuche de preguntas, y el universo —extrañeza extendida— es inflexible de un modo en que jamás podríamos; la práctica del escapismo por la tortuosa pared del sentido común que te reduce a un simple ir. Al primer síntoma del siguiente naufragio, los vientos aceleran su efectividad, impulsan el grito a medida que se desplazan los territorios de la insuficiencia, la física, la retórica y, milagrosamente, tu autoengaño sobre el felpudo de la entrada sigue diciendo
«Bienvenidos».
Nunca te atreverías a sobrescribir
«Aquí no es».

¿Cuál de nuestras brújulas es la más eficaz para orientarse? Como primer asistente lleva a su lado el peregrino la ausencia y en su mochila, órdenes, números indivisibles, anuncios que solo se sostienen con la lógica de las falsas columnas. Primeros de septiembre y, con las vacaciones aún sobre los hombros, te hablas sin decir; el ascensor y el membrete de la oficina aguardándote, sus malentendidos coloreados con subrayadores, el portátil o las sonrisas cuando te aceptan, el dígito 18, tan frío como no regulable, o las fotocopias con la costumbre de la repetición: círculos que te recuerdan el porqué de tu huida durante doscientos trece kilómetros. Para recuperar huellas, echaste al Camino de Santiago *e-mails, wasaps,* cafés e instrucciones GoTo Meeting; y lo que no supiste ver y lo que no sabías te lo fue susurrando el camino y la canción tarareada y los ibuprofenos para el temor a no encontrar más señalizaciones. Estás de vuelta, te saludan y, por momentos, lo comprendido pareciera persuadirte de desobedecer.

Se oye el crujir de algunas espaldas. Como unen los ecos los trapecistas justo antes de las acrobacias, lo sabes ahora; ya no tendrás que fichar inventando semanas que no se desplomen al poco de decirlas. Y, solo por eso, invisible, das las gracias al apóstol. No recuperarás lo que se te derramó sobre tantas alfombras; practicas la mesura de los árboles viendo crecer a su alrededor lo que no se oye, un camino entre hormigas y hojuelas que, hoy sí —qué fácil—, se detiene.

Estimado/a Sr./Sra.,

En este enlace a LinkedIn, mi currículum que describe cuantos no seré.

Agradeciéndole su tiempo, reciba un afectuoso saludo.

Enviar.

Cerrando Outlook.

Ataduras que se desbrozan. Parentescos.

Larvas en glaciares y depósitos muy antiguos, creencias procedentes de varias generaciones atrás; el coágulo «rompe los sueños con la vista antes de afirmarlos; es malísimo tenerlos en los ojos más allá del amanecer». Esta advertencia como una mente en paralelo donde una anciana barre lo que no es suyo. Las fotografías familiares son una acumulación de pérdidas que contigo se protegen, necesitadas de consumir tu continuidad.

Recuerdas el cementerio San Miguel y a la abuela Concha de tumba en tumba pasándole un paño húmedo a la muerte con nombres y espíritus y fechas metálicas acechándote. Día de Todos los Santos. Arroyo de los Ángeles. La infancia oculta en cuadernos y la profanación de osarios y cauces contra el frío sangrante de las rodillas. 50 Juegos Reunidos Geyper, azar, la carta de ajuste en el televisor y el berrinche *no saber perder*; sobreponerse como un resto de raíz que se descubre: la única jugada posible. Al reflejarte en nombres que el recuerdo no ignora, recuperas descuidos, el cifrado respirar del salón comedor los veinticuatro de diciembre, la envejecida luz de los secretos como llamada. Sensación de gen revertido, de noria como sistema de regadío con la elevación de muchas navidades: la abuela Rosario con la religión de los suyos en la medalla que atesora desde muy joven, «Tus cinco hijos a Rusia», «Se quedan aquí; me duelen». No la habían educado en la renuncia a los dioses propios. En la fotografía, lleva un delantal muy holgado: el dolor cuando no se separa y custodia. Rediós, este padre —dice del abuelo Antonio— jamás podrá tener nada a su nombre, ni escrituras ni pulso. Rediós, este hijo aventurero echándose a nadar; Atlántico sur, el Plan de Estabilización de 1959 que hizo del océano y los trenes lugares de lejanía. Ay de esta nuera casándose por poderes un domingo álgido de Pentecostés; ay, Virgen del Carmen, esta lumbre te pide el milagro fácil de la añoranza: que mi nieto asome vestido con la altura de los ojos. Latitudes que se aproximan desde el Brasil hasta el abrazo de las creencias.

Nos habitan las imágenes fotografiadas con su hilo argumental, reconocible por cómo lo inhumano respira, muebles con la humedad no acumulada, frutas y cristalerías con el grueso relieve de los jerséis, lo perdurable como una constancia íntima que se pasea por donde convergieron las cuatro dimensiones, raíces que absorben tu edad de hoy: más cincuenta y seis, segunda parte del partido contra tus sueños, rodeado de futuros que debieron ser posibles y cuando ya has aprendido a perder y a cubrirte bajo capas y capas de interpretación y reducción; y es en este caminar cuando alcanzas a ver completamente el tiempo que tu padre ha visto y vivido y las vidas a las que al nacer asistió y de las que tuvo que despedirse.

Es el suyo un tiempo sin capacidad de autocorrección y con una lentitud incrustada que ya no se rehabilita; y es en este caminar a su lado cuando las calles se quedan sin voz con la que decir el nombre de su compañera: haberlo compartido todo juntos para ir perdiéndolo todo separadamente, haberlo amado todo para tener que unir su nombre al de las madres latido alcanzadas por el crimen de la serenidad. Ver la muerte es sombra contigua; olor a fármacos por toda la carne mientras nada sana, mientras se permite a las opiniones licuarse dentro del microondas o que algunos yogures queden sin abrir por temor a más escapes de luz. ¿Por qué somos recipientes donde el tiempo reposa la compasión de su vencimiento, por qué acompañamos su marcha sin saber adónde, dejándonos conducir, primeramente, por la exactitud involuntaria de nuestro linaje y, tras muchos impulsos, acabamos de regreso ante su misma presencia e infinitos pasadizos?

¿Significa *pertenecer* habitar el interior de las fechas y, como savia, deslizarnos? Puede que medio siglo no sea suficiente para entenderlo todo; tal vez, medio siglo solo sirva para confiar en conceptos como célula reproductora, como esclavitud íntima de relojes y ángulos que se agrupan y separan; unidad con injertos repetidos o arrastres del ayer, proximidades recibidas entre profundísimas pérdidas.

Tantos lunes no resueltos
obligaron a los volcanes a reír. Al mirar debajo de la lava o al cubrir la cabeza con fuegos se inició la moda de desnudar públicamente. Unos dos mil quinientos años atrás, tú con alas azules ya eras alguien en entredicho; cojines deformados por los exploradores de la lucidez sobre los *klinai*; cascadas de ilustración, fealdad, disparate o vileza, mandíbulas en caída libre por desniveles insospechados, modelos de ejemplaridad contraria: ¿los ojos hacia donde no quieren? El *Hoy es siempre todavía* en el papel de Salieri, combustible ante el Mozart de Milos Forman en *Amadeus*. A partir de ciertas risotadas, el inexorable fin de una civilización

se anuncia con desvíos por bufones incontrolados en las carreteras.

¿Rio el Padre al ver nacer a Issac de sus propias Escrituras? ¿Fue el detective Guillermo de Baskerville el primero en girar la llave aristotélica *divertir* en 1372, oculta, desde el 410, por tantas obras en las retinas de la Ciudad de Dios? Pecados y demonios en el exterior de las iglesias y en los capiteles; la falta de cumplimiento —si es sagrada— moviliza a los denunciantes por las aldeas: bailes del mal amor y del buen padecer, desfiles de reinonas y nobles que no lo son entre príncipes carnívoros. Al confesor sólo las noches con poco ruido: soberbia avaricia lujuria ira gula envidia pereza; calles embadurnadas, perfumes. Nada iba a cambiar y había que festejarlo.

El porvenir, siempre un reino inútil. La autoridad oyendo el avance de quienes no se apagan bajo la lluvia o escriben para el entretenimiento del futuro: el *Elogio de la locura* y la cósmica isla de *Utopía* a través de los telescopios —lo grotesco en la Europa de algunos siglos después—, felicidad de humanistas, goliardos y cantautores. París, *La mala reputación* de Brassens, según Paco Ibáñez, en El Olympia. De la persona real viene al mundo el ser que nunca retrocede: un cómico con hechuras de yo académico hablándole a su misma encrucijada. Picaresca de *Lazarillo*, picaresca Woody Allen, picaresca de *Guzmán de Alfarache y el Buscón*, picaresca *bluetooth* entre los cerebros Faemino y Cansado; el bromista y el que no quiere serlo ante situaciones rotas. Extrarradios e interiores confidenciales. La ciudad a través del ojo de una cerradura. La ciudad en las bacterias de la propaganda. En el cuarto de contadores, los fusibles son fusibles, deslumbramientos compartidos. En las aguas del estanque, Frankenstein deduce que es la pesadilla ochenta y una de Goya, la ochenta y dos, *El hombre de la multitud* de Poe tropezándose con dobles de metal y, la ochenta y tres, el apellido Byron grabado en las alcantarillas por donde los moribundos entran a morir del todo.

Baja el cauce y los benditos sobreviven a base de transfusiones bíblicas; llaman al timbre y el dibujante ve en sus ojeras una pesadumbre oblicua y segura: el globo terráqueo de Mafalda o los náufragos de Forges; la frágil alegría de la productividad en *Tiempos modernos* o de Max Estrella con el báculo de la suerte. Así reciben los perdedores su armadura de perdedores.

Encontrarías la tuya en un 8.º A de unos sesenta metros, con lavadora New Pol y televisor Philips, mientras tu gesto desarmado de las seis —agujetas o *Problemas* Rubio— emulsionaba, y una soledad sin paredes movía el eje del pensamiento hacia tus nombres propios. Nadie te dijo entonces que, al volante de los tebeos, toda chifladura es costumbrista; que, como dibujados que insertan casetes que gritan canciones por las ventanillas de un Renault 12 con sobrepeso de domingos y bicicletas BH, vivíais en los lápices de Ibáñez y Escobar.

Como nadie te advirtió que, a los mandos de tu propio videojuego —¡CRASH! ¡KRISH! ¡PLOF!—, todas tus coordenadas —pirámide, surco o nube— tendrían como guía la claridad que consigue ver en lo conocido. Y, quizá porque una niñez permanece junto a sus risas como una confianza que se enrosca, en el fondo de pantalla de tu móvil, Mortadelo te instruye sobre lo evidente cada vez que se ilumina. Aplicaciones en cuyo interior se posiciona un tipo de exactitud que te reconoce momentáneamente como dios táctil, fusible. Existir frente a ti es una conciencia, existir contigo es una logística desocupada, existir conlleva rehacer los monólogos y los días, la decisión de lugar como un raro obsequio de lo presentido: pausas donde nunca las hubo y una esperanza desprendida ofreciéndote unos pocos átomos de hidrógeno y oxígeno en un papel- la fórmula química del agua en letra bastarda. ¿Existimos imitándonos frente a la perfección posible?

Por razonamiento yo entiendo cómputo. Y computar es calcular, la suma de muchas cosas añadidas al mismo tiempo, o determinar lo que resta cuando se ha extraído una cosa de otra…

THOMAS HOBBES, *De corpore*

Didáctica general:

—Procede como se palparía un espejo el rostro. «Mirar sin ser visto a quien nos mira mirar», Blanca Varela, *Ejercicios materiales*. Codicia el vivir conservado en la amalgama de los vínculos.

Didáctica primera:

—¿Si fueras el Mar, qué instantes arrastrarías hasta la orilla?

Infringir leyes naturales,
creer en los desajustes que avivan el pulso transmisor
de la materia, «que es deseo puro el mar, pura
posibilidad», Clara Janés, *La indetenible quietud*, y en
su interior el instinto de cuello alto, de distraídas
escuchas entre las placas tectónicas.

Sienten alegría las olas al romper.

La visión es la de los veranos que no pierden su propia inercia; del recuerdo, pequeñísimas roturas sortean el desenlace o lo desoyen. Nunca otra conclusión apalabrada más apacible, más indómita la sal.

Medir en newtons la unidad de hallazgo.

Recoger con las manos del agua esas síntesis rellenas de bautismo que se desprenden del universo antes de ser devoradas por los sistemas de desagüe. Sembrarlas para que broten islas y se recolecten como fruto y, en su pulpa, cuanto llega de muy lejos: el aquí ausente, artificio de la plenitud inicial.

Medir en *rubendaríos*.

Humanizar con la retórica de los pronombres irrompibles, aunque ya sin el fragor necesario de la juventud; creyendo así retener las grandes pasiones una última vez. Istmos de soldadura líquida entre los conocimientos de entonces y los de hoy, irregresables con estatus de mapamundi que sostienen al aprendiz calladamente.

Qué solos, maravillosamente ilesos
quienes al fijar la vista donde la edad no accede
abandonan el destino cotidiano de sus tardanzas.

Didáctica segunda:

—¿Si fueras la Noche, cómo anidarías entre las burlas del amor?

Interactividad con lo sentido:

«Una noche de amor hace universo», Aurora Luque, *Carpe noctem*, confluencias, credenciales desnudas del ahora.

Mañanas que los adiestramientos del tacto no resuelven. Besas cada vez peor, certifica —con furiosa maldad— la Noche. Mañanas que relegan a la piel como ceremonia de lo inasible, incluso intermitente su trazo o con falta de elasticidad su lecho. Mañanas de primeras noticias a través del sonoro reptar del instante, e instantes dilatados con el cierre de algunas puertas. Mañanas no en los húmeros, sino el exterior interponiéndose entre labios a los que condiciona demasiada constancia.

«Eros, unido al Caos, engendra en la Noche nuestra raza y la saca a la luz, mezcla los elementos océano-cielo-tierra y surge la estirpe indestructible de los dioses felices». El comediógrafo Aristófanes se ha desvestido para celebrar la cosmología de la reconciliación. Al acercarse para besar a Safo, recibe el desdén de las estaciones opuestas: «La hora propicia escapa, yo duermo sola».

Lo que se ama
se comporta como una encarnación de la Noche.
Curiosea en el fondo de su inmortalidad y descubre
al amor elaborándose a partir de cuerpos concretos y
en oscuridades muy precisas, a la anarquía del placer
y de la pausa designando un envase para los noes
difíciles. Lo que se ama de la Noche un subsueño con
voluntad propia.

Didáctica tercera:

—¿Si fueras tú la divinidad, qué ceguera me provocarías para comprender al fin el interior de los cuerpos celestes?

«¿Somos formas cerradas o vivimos *sueltos* e intentan los ojos sujetarse?», Olvido García Valdés, *Del ojo al hueso*. Desiste la respuesta ante el poderosísimo modelado y transfiere toda su soledad informe.

Vidas de repuesto,
entrelazadas con las no reconocibles. Los soles
imantados donde las autoimágenes renombran la
visibilidad como córnea del enigma *principio-fin-
principio*.

Laberinto de espejos mágicos. «Naturalmente, matarte a ti es matarme a mí, no hay diferencia». *La dama de Shanghái.*

La repetición de la claridad ante los ojos, intimidada por disparos desde una avioneta fumigadora. Kaplan lanzándose a una zanja de un campo de maíz.

Isla y Rick despidiéndose. Autoimágenes que a solas se adentran en su proyección. Juego de lentes ante el decorado mental del aeródromo de *Casablanca*. Nombres sueltos. Idas. Envolturas con papel de presente crónico hasta deformar lo sido.

Trávelin hacia una bandada de estorninos:
artísticamente configuran el vuelo de un Concorde
y el futuro se amolda a esta similitud enfermando de
levedad. La cerebración renueva significados igual
que una lectura el destino que siguieron algunas
nostalgias.

Estar entonces en la amalgama de los vínculos,
en sus probadores de aceleración y desposesión.
Dentro, los fantasmas del realismo casi fantasía, casi
identidad con el que las ocasiones ilustran la escasez
y los sonidos borrachos de esporas. Prosopopeya
de la luz, armonías, infecciones suavizadas con el
bálsamo que reduce las horas: modos de responder a
la superioridad de lo cierto.

A veinticuatro fotogramas por segundo el ser es cinematográfico.

—Quién lo fuera.

A miles, millones, de avances, el corazón escapa internamente.

—Quién tuviera su rojizo diafragma.

… Razonar equivale, por lo tanto, a sumar o restar.

THOMAS HOBBES, *De corpore*

—Oh diosa Tékne, ¿esto fue lo humano?, ¿esta galaxia dentro de la sangre?

—Fielmente la copia hasta hilarnos como sus únicos espejos.

Porque el mundo sin centro tiene otro centro.

PERE GIMFERRER, *Aparicions*

Fingimos sin más
y las articulaciones entre unos huesos y otros funcionan parecido a como lo fascinante cura: las mejillas coloreadas con algún sentir decible. *Desrealidad*. Esta vez, tu agotamiento aconsejándote: evalúas el uso que del estallido hacen las pompas de jabón si adviene la llama o la belleza. La corazonada insiste y, una a una, recoges las muestras de perfección que, mínimamente, te elevaron y las sitúas junto a los raíles que los aviones dejan en el firmamento. No evitas la renovación por sí sola o el impulso final del verano hacia los contenedores para prendas usadas que los traperos después revenden. Observándolos escudriñar en el abandono, te preguntas por tu condición de ser reutilizable: perfección del sentido que no desiste.

Pero es otro el vivir. Ya no son necesarios aquellos escalones que te borraban del rostro el estar, altitudes que nadie ordenó: fue imposible cambiar nada. Casi nada. Desplazamientos de tierras, brisas, lecturas que no se cansaron de recoger minerales como si fueran rocas exentas de dudas: la saliva fémur de las estatuas maniatadas. Miles de teorías y almacenas tan solo unas pocas de valor con capacidad —al mismo tiempo— de acorde; tus arrastres por las durezas de lo científico y lo cotidiano —a lápiz, *lo artístico*, entre signos de interrogación—, cuantos apuntes conservan en su memoria los apuntes. Fue imposible evitar nada. Casi nada.

Pulsar *play* en una duda un poco inservible, enhebrar interpretaciones inservibles hasta entender lo que se procesa dentro de una misma solidez, de un mismo presidio humano, de una misma autoafirmación en culturas diferentes. Es la edad de los bienes sustitutivos y, con la acumulación de orugas y diamantes, la *desrealidad* eleva los desfiladeros, continentes separa, corrompe civilizaciones que soñaron, las vacía y sustituye. Observándola, te preguntas por lo reemplazable que se opone a su propia naturaleza.

Desandas la separación entre el objeto y el brillo que emborrona su *copyright* entre improvisados tenderetes, desandas la noche que acusa de colaboracionistas a quienes no pueden serlo porque su embarcación volcó sin llegar nunca a la costa; a modo de auxilio, compras un par de buenas falsificaciones. Así, tu resistencia al ilusionismo del tamaño de una semilla y de una costumbre: numeración de las horas restantes del sistema operativo *desrealidad* para ser túnel de fortuna o simple alucinación. Miras al fondo y ya son otras las familias de traperos que rebuscan en los contenedores para depositar el vacío interior de los embalajes e intentan plegarlo, desandarlo. Familias a las que no reconoce el ilusionismo. Observándolas llegar y marcharse en lentísimo desahucio, te preguntas por cómo lo que sobrepasa todo pensamiento desenfoca y rompe encuadres.

Madre, compañera, empleada en cristalizar el llanto con el reír de las grandes ocasiones: las veces en que, lejos de ti, ella restituye tu alféizar pensativo. El verbo *transitar* sin querer ser más ente, más velador que una casa al atardecer, mayor asentimiento. Los sitios que vigilan infatigables sus horas detrás de un portátil ebrio de horas. La desnudez de su vestuario rodeándote como quizá sientan las recién nacidas sus primeros instantes: tú, el alimento; ellas, tu respiración.

Sus conversaciones sin ti por alguna nube abandonada, frente a la hostilidad tratando de comprenderla, juntos oyéndola dentro y fuera de los teclados; aviones supersónicos que producen esguinces durante la descarga de archivos. En el cielo de la boca, una sed metálica. La supremacía actualizándose en el PC y, en segundos, rol de navegación reprimiendo alturas, posiciones que vuelcan por la espiral de asfixia.

¿Cuántas curvas peligrosas están señalizadas con sus nombres? El meridiano de Greenwich dividiendo el planeta, el distintivo de los *hashtags*, el ánimo inmovilizador de sillas o de la entrada de correos, ¿cuántas inmediaciones necesitan ocupar, doblegar néctares, regir fábricas y vaciarlas con océanos enormes?, preguntáis. Y preguntáis sin querer como una voz que hablaba. Habéis sido uno frente a la agresividad permeable: las raíces de los eucaliptos como en una procesión de obstáculos. Qué rara la fugacidad cuando se frena, la firma en el informe médico, en la app que exige un número recibido por SMS y varias verificaciones, clics con espinas que pulsan sobre el laberinto *resultado*.

Cada peligrosidad exige, y ninguna tiranía menor que la de un silo sin compuertas; besos con magnitud de aria, desprotegidos igual que las canciones que dejamos ir solas. Ellas, por la seducción de los desnudos propios: sangre interiorizando del amor su rival, sangre por mordedura doméstica, sangre por neurosis del deseo. Hijas líquidas no invencibles, no desarmadas

eh, Wilde, escribiste «todos matan lo que aman»,
y aquí seguimos, un siglo después de tu balada, se
repiten a diario los crímenes, los soldados

que todos lo sepan

eh, Wilde, para qué sirvió tu canto y ahora el mío,
si siguen los tiempos estrangulando los sentidos, no
oculto mis arterias, tú, a la culpa, le diste la vuelta,
y al rollo bíblico de morder lo prohibido, pero
seguimos siendo pequeñas existencias, seguimos
dominadas; las condenas, siempre tarde; quien no
me defiende, es cómplice, culpable

que todos lo sepan

eh, Wilde, escribiste «todos matan lo que aman»,
y aquí seguimos, un siglo después de tu balada, el
miedo no nos salva, y el silencio nos dispara

eh, Wilde, te robo la blasfemia, soy mujer, la
costilla de Eva

que todos lo sepan

alguna vez, ella te preguntó por ese desentrañar límites
que te aparta de su lado, de casi todo, acercándote lo
eterno —aseguras—, y tan difícil de compartir. Cuanto
se conservaría si, una noche, la Tierra olvidase girar
—ironizas—; y es sólo el espacio donde soportas

mejor la magnitud sin forma: poesía, testimonio sin una función más útil que la de convivirte. Pero has inventado un término, *desrealidad*, que no te quiere a ti, sino al intérprete que ha creado con tus desobediencias, con la constelación de tus verdades.

Te descubre. Y, mientras pone sobre tus manos un poco de paisaje, comprendes que lo que se transcribe en el fuego es solo otro sitio más donde arder la noción de pérdida que contienen los verdaderos hogares en nuestra memoria. Pero tú no te rindes e invocas al espíritu *imagen* con su igual resorte: las dieciocho mil piezas de la torre Eiffel esparcidas sobre el Campo de Marte; el agua de los ríos, su cauce en sentido contrario porque ya no «van a dar en la mar, que es el morir»; en las calles los paneles de advertencia con el «recuerde» de Jorge Manrique, hombre de armas velando el árbol cierto, el nido cierto, la nada voladora que avanza y avanza hasta no distinguir ninguna naturaleza, un poco. Quieres conservar como paisaje lo que percibes como paisaje, y eso es estéril, te reprocha. Ni el paso feroz de las nubes o los incendios lo permiten. Tampoco la zancada del tiempo ni la fermentación de recuerdos entre vidas electrónicas, ni las fugas clandestinas a esos antros donde los finales de jornada —bajo el rótulo *Desrealidad*— van a refugiarse y a creer en mediofondistas que recorren infinitos o en simples aberturas en lo sagrado. En íntimo arpegio, se niegan a borrar el *spirit* melancólico de sus móviles, por ser el único que intercede ante la degradación sin desfallecer, aunque con más hematomas que promesas cumplidas.

Lentamente, perdimos de lo eterno su exactitud,
alma del previsible resultado sin fórmula inicial,
esquinas no recuperables, creencias, ascensores que
fueron desobedeciéndonos demora tras demora,
en los que pulsábamos *subir* para comprobar, desde
arriba, si los edificios perdían su apariencia de cáliz,
su consuelo. Las escaleras se habían detenido. *Exit.*
Fue inútil nuestro sudor goteando frente de una
sucesión de cúmulos con las ventanillas subidas y las
lunas tintadas. ¿Con qué disfraz puede tramitarse una
situación de no residente? La extrañeza, igual que
las tildes de una escritura, se ha acostumbrado a ser
nosotros, a mecerse dentro de nuestras comodidades;
energía atrapada en su propio sustento. Involución
advertida ya como *desrealidad* en Bethel —condado
de Sullivan, Nueva York— durante tres días en
agosto de 1969; en los estudios AM Records y en
Wembley Live Aid 1985. Involución creyendo en sí
misma en las playas de Río y las escuelas flotantes
del mar de China y en los bazares de Estambul y
Hanói; acaso inmóvil ante el glaciar Perito Moreno o
la serpiente escalonada de Chichén Itzá. Involución

a sorbos bajo los arrozales hindúes y los biomas africanos y venezolanos. Encendidos sin gargantas, bloqueos, ausencias semejantes que se inauguran con cada nacimiento, la amurallada exactitud que no somos y se reproduce igual que un mirador ante tanta deriva. ¿Cantó Joan Báez embarazada de seis meses: «Vivo un día a la vez, sueño un sueño a la vez, el ayer está muerto y el mañana está ciego», como si una complejidad terminase y otra estuviese pensando su nombre? Nunca vinieron al mundo tres días en agosto del sesenta y nueve, ni tantos otros embebidos en la sed de la prisa, ni de la matriz *alma* emergería la pócima con la que bebernos la materia de los siglos.

Seguiríamos intentándolo tan solo como síndrome de duración: lentitud de toda pérdida. Hay una línea, como un sendero, para las nostalgias que al arder sobreviven, aproximaciones como mecanismos de armonías que fortalecen los huesos ante la brevedad: lentitud con la ayuda de parábolas. Preguntaron por ti, seguían tu ubicación; tu voz —grabada sobre montículos de espuma— decía que estabas ilocalizable. Decidiste dejar hacer a quien nos imagina para salvarnos y los mensajes fueron tejiendo una rúbrica desde atrás, el último al principio, una narración donde ocultarte hasta que dieran con los álbumes de fotografías y vídeos: miles de paisajes, oídos y rozaduras para adiestrar a tu pobre iPhone.

Desconexión *Aleph* y parodia kafkiana sobre un pensar dentro de un organismo que no es el suyo y del que no puede salir: reversibles los ecos del pasado en Proust, del hoy en Joyce, de los mitos en Mann. Llamada entrante. El nombre Vila-Matas iluminado. Pulsas *responder*. «Tal vez esos sueños dentro de otros que reproduces y a donde escapas solo pretendan saber en cuál estás verdaderamente tú. Burla del dios *pensamiento* al de la *copia*». Enfatiza y cuelga.

Cierras los ojos. Tu discurso, invitado con tu nombre, ha perdido su mirada de maternal cercanía, confidente legítimo de todas tus dudas. Interiores en el cuerpo de los instantes te hablan con tu misma voz, conducen la misma lentitud, músculos con los que mentir sobre tu desaparición y novedosa fertilidad tejida entre creencias ópticas y desiertos. *Desrealidad*. Se disuelven así las manos con mil fondos y repetidos inicios. El aire que fue la tarea de tus pulmones respiró las veinticuatro horas, tamiz de quien quiso la vida sencillamente. Y sin un tú como reglamento de juegos, descubres que conservan tus olvidos, viejas preguntas sonreír por caricias aún deseadas, a las cosas cuando te tocan en el hombro para que las veas corregir la perfección que no eres; sin un tú aprendiendo frente a tanta memoria debilitándose.

El espejismo avanzó sin tener casa hasta la tuya; no había nadie y te imitó para sentirse a tu lado. Cruce de caminos y apóstoles. Conversión del dibujo en oasis, de la fuente en fronteras inundables. ¿Cuándo comenzaron los recuerdos a recordar; un attosegundo a contener todo el universo? Ciudadanía abreviada esa otra encarnada exactitud, ese otro rostro ante sí mismo, esa otra andadura. Perdimos la protección natural del imposible y lo eterno desaparece.

Índice

Somos nubes.
Somos susurros.
Como cervatillos y cambiaformas,
nuestros límites nunca pueden descubrirse.
No, nuestros límites siguen alejándose.

SHARA WORDEN

Abril | 2026 | Sevilla

ISBN 979-13-991876-0-1